Dieu récompensant les justes.

ALPHABET HISTORIQUE

de la vie des Saints,

Dédié aux petits Enfants du bon Dieu.

Orné de 26 Gravures.

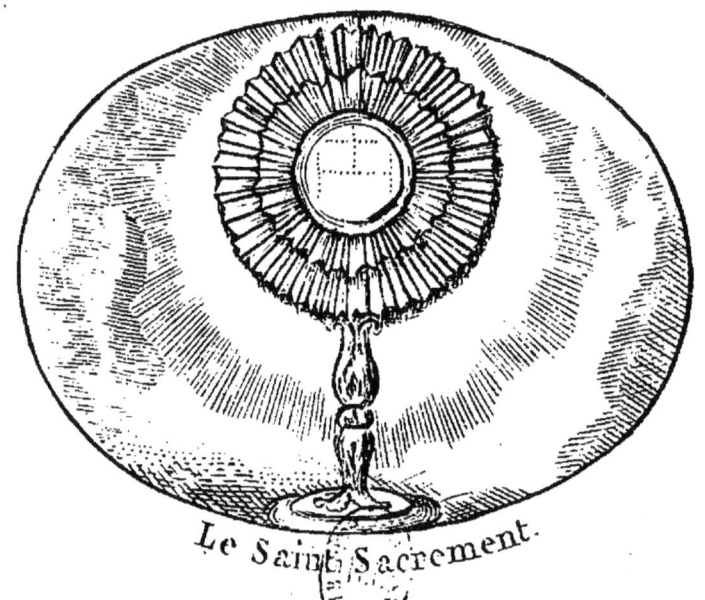

Le Saint Sacrement.

Paris.

Locard et Davi, *Libraires, Quai des Grands Augustins, N° 3,*
à la descente du pont S.¹ Michel.
1826

ALPHABET HISTORIQUE

DE LA VIE DES SAINTS,

CONTENANT :

1° De grosses lettres, et les ba, be, bi, bo, bu ;
2° Les mots d'une, deux, trois, quatre, cinq et six syllabes, le tout bien divisé ;
3° De petites phrases instructives, divisées pour faciliter les enfans à épeler, le tout en très-gros caractères ;
4° Un petit précis de la vie des principaux Saints du calendrier, qui sont les plus fêtés dans l'année, *orné de vingt-cinq gravures en taille-douce,* correspondant aux vingt-cinq lettres de l'alphabet.

EPERNAY, IMPRIMERIE DE WARIN-THIERRY.

A PARIS,

Chez LOCARD et DAVI, Libraires, quai des Augustins, n° 3, en face le pont Saint-Michel.

1823.

A	B
C	D
E	F

a	b
c	d
e	f

G	H
I J	K
L	M

g	h
i j	k
l	m

N	O
P	Q
R	S

n	o
p	q
r	s

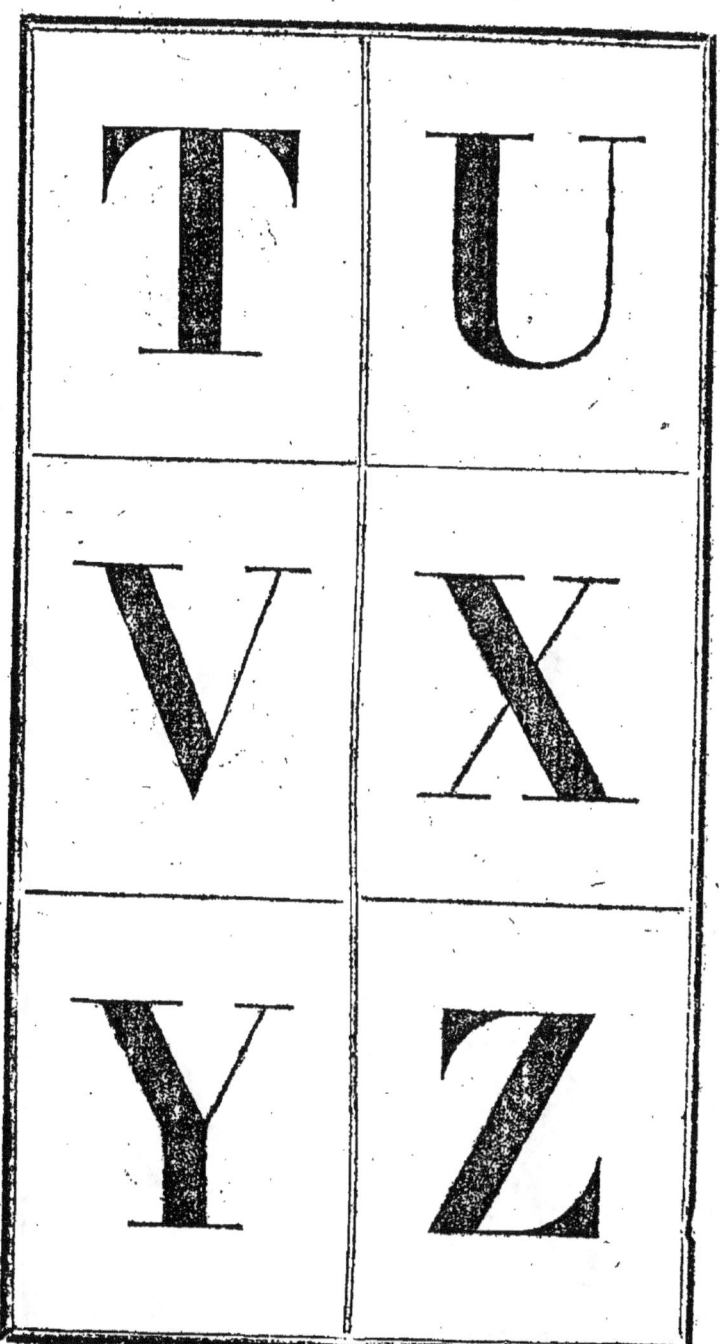

t	u
v	x
y	z

(10)

A B C D
E F G H
I J K L
M N O P
Q R S T
U V X Y Z.

(11)

a b c d

e f g h

i j k l

m n o p

q r s t

u v x y z.

A	B		C	D
E	F		G	H
I	J		K	L
M	N		O	P
Q	R		S	T
U	V	X	Y	Z.

---

a	b	c	d	e
f	g	h	i	j
k	l	m	n	o
p	q	r	s	t
u	v	x	y	z.

Les lettres doubles.

æ œ fi ffi
fi ffi fl ffl
ff fb fl ff
ft ct & w.

PONCTUATION.

Apostrophe (') l'orage
Trait d'union (-) porte-feuille
Guillemet («)
Parenthèses ( )
Virgule (,)
Point et virgule (;)
Deux points (:)
Point (.)
Point d'interrogation (?)
Point d'exclamation (!)

Voyelles.

a e i ou y o u

Syllabes.

ba be bi bo bu
ca ce ci co cu
da de di do du
fa fe fi fo fu
ga ge gi go gu
ha he hi ho hu
ja je ji jo ju
ka ke ki ko ku

la	le	li	lo	lu
ma	me	mi	mo	mu
na	ne	ni	no	nu
pa	pe	pi	po	pu
qua	que	qui	quo	quu
ra	re	ri	ro	ru
sa	se	si	so	su
ta	te	ti	to	tu
va	ve	vi	vo	vu
xa	xe	xi	xo	xu
za	ze	zi	zo	zu

ab	eb	ib	ob	ub
ac	ec	ic	oc	uc
ad	ed	id	od	ud
af	ef	if	of	uf
ag	eg	ig	og	ug
ah	eh	ih	oh	uh
ak	ek	ik	ok	uk
al	el	il	ol	ul
am	em	im	om	um
an	en	in	on	un
ap	ep	ip	op	up
aq	eq	iq	oq	uq
ar	er	ir	or	ur
as	es	is	os	us

at	et	it	ot	ut
av	ev	iv	ov	uv
ax	ex	ix	ox	ux
az	ez	iz	oz	uz

---

bla	ble	bli	blo	blu
bra	bre	bri	bro	bru
cha	che	chi	cho	chu
cla	cle	cli	clo	clu
cra	cre	cri	cro	cru
dra	dre	dri	dro	dru
gla	gle	gli	glo	glu
gna	gne	gni	gno	gnu
gra	gre	gri	gro	gru
pha	phe	phi	pho	phu

pla   ple   pli   plo   plu
pra   pre   pri   pro   pru
tla   tle   tli   tlo   tlu
tra   tre   tri   tro   tru

Lettres accentuées.

é   (aigu)
à è ù   (graves)
â ê î ô û   (circonflexes)
ë ï ü   (tréma)
ç   (cédille)

Pâ-té Mè-re
Le-çon Mê-me
Maî-tre A-pô-tre
Hé-ro-ï-ne.

*Mots qui n'ont qu'un son,
ou qu'une syllabe.*

Pain	Vin
Chat	Rat
Four	Blé
Mort	Corps
Trop	Moins
Art	Eau
Marc	Veau
Champ	Pré
Vent	Dent
Vert	Rond.

Mots à deux sons, ou deux syllabes à épeler.

Pa-pa Cou-teau
Ma-man Cor-don
Bal-lon Cor-beau
Bal-le Cha-meau
Bou-le Tau-reau
Chai-se Oi-seau
Poi-re Ton-neau
Pomme Mou-ton
Cou-sin Vertu
Gâ-teau Vi-ce

Mots à trois sons, ou trois syllabes à épeler.

Or-phe-lin
Scor-pi-on
Ou-vra-ge
Com-pli-ment
Nou-veau-té
Cou-tu-me
Mou-ve-ment
His-toi-re
Li-ber-té
Li-ma-çon

A-pô-tre
Vo-lail-le
Ci-trouil-le
Mé-moi-re
Car-na-ge
Ins-tru-ment
Su-a-ve
Fram-boi-se
Gui-mau-ve
U-sa-ge

Mots à quatre sons, ou quatre syllabes à épeler.

E-ga-le-ment
Phi-lo-so-phe
Pa-ti-en-ce
O-pi-ni-on
Con-clu-si-on
Zo-di-a-que
E-pi-lep-sie
Co-quil-la-ge
Di-a-lo-gue
Eu-cha-ris-tie

Mots à cinq sons, ou cinq syllabes à épeler.

Na-tu-rel-le-ment
Cor-di-a-li-té
Ir-ré-sis-ti-ble

Cou-ra-geu-se-ment
In-con-vé-ni-ent
A-ca-ri-â-tre
In-do-ci-li-té
In-can-des-cen-ce
Ad-mi-ra-ble-ment
Cu-ri-o-si-té
In-ex-o-ra-ble

Mots à six sons, ou six syllabes à épeler.

In-con-si-dé-ré-ment
Per-fec-ti-bi-li-té
O-ri-gi-na-li-té
Ma-li-ci-eu-se-ment
As-so-ci-a-ti-on
Va-lé-tu-di-nai-re

Phrases à épeler, divisées par syllabes.

J'ai-me mon pa-pa.

Je ché-ris ma-man.

Mon frè-re est o-bé-is-sant.

Ma sœur est bi-en ai-ma-ble.

Mon cou-sin m'a don-né un pe-tit se-rin.

Grand pa-pa doit ap-por-ter un pe-tit chi-en.

Gran-de ma-man me don-ne-ra pour é-tren-nes un che-val de car-ton.

J'i-rai de-main me pro-me-ner sur les bou-le-varts a-vec mes ca-ma-ra-des.

Thé-o-do-re a un beau cerf-vo-lant, a-vec le-quel je m'a-mu-se-rai bi-en.

La mai-son de ma tan-te à Vau-gi-rard est très-jo-lie. Il y a dans la cour un beau jeu de quil-les.

Mon on-cle Tho-mas a a-che-té un pe-tit é-cu-reuil que je vou-drais bi-en a-voir pour me di-ver-tir.

Di-man-che je n'i-rai pas à l'é-co-le; mon cou-sin Au-gus-te vi-en-dra me cher-cher pour al-ler à la pro-me-na-de.

Phrases à épeler.

Il n'y a qu'un seul Dieu qui gou-ver-ne le ciel et la ter-re.

Ce Dieu ré-com-pen-se les bons, et pu-nit les mé-chans.

Les en-fans qui ne sont pas o-bé-is-sans ne sont pas ai-més de Dieu, ni de leurs pa-pas et ma-mans.

Il faut faire l'au-mô-ne aux pau-vres, car on doit a-voir pi-tié de son sem-bla-ble.

Un en-fant ba-bil-lard et rap-por-teur, est tou-jours ré-bu-té par tous ses ca-ma-ra-des.

On ai-me les en-fans do-ci-les; on leur don-ne des bon-bons.

Phrases à lire.

Un enfant doit être poli.

Un enfant boudeur est haï de tout le monde.

Un enfant qui est hon-nête et qui a bon cœur, est chéri de tous ceux qui le connaissent.

L'enfant sage est la joie de son père.

Le lion est le roi des animaux.

L'aigle est le roi des oiseaux.

La rose est la reine des fleurs.

L'or est le premier des métaux ; il est le plus dur et le plus rare.

La baleine est le plus gros des poissons de la mer.

Le brochet est un poisson vorace, qui détruit les autres poissons des rivières et des étangs.

L'homme a cinq sens, ou cinq manières d'apercevoir ou de sentir ce qui l'environne.

Il voit avec les yeux.

Il entend par les oreilles.

Il goûte avec la langue.

Il flaire ou respire les odeurs avec le nez.

Il touche avec tout le corps, et principalement avec les mains.

Phrases à lire.

Les quatre élémens qui composent notre globe,

sont: l'air, la terre, l'eau et le feu.

Sans air, l'homme ne peut respirer.

Sans la terre, l'homme ne peut manger.

Sans eau, l'homme ne peut boire.

Sans feu, l'homme ne peut se chauffer.

La réunion de ces quatre élémens est donc nécessaire à l'homme, pour vivre.

C'est l'air agité qui produit les vents, qui cause les orages, les tempêtes, et qui est la source de mille phénomènes qui arrivent journellement dans l'atmosphère.

C'est la terre qui produit toutes les substances végétales dont l'homme se nourrit, ainsi que les animaux qui la couvrent ; c'est au fond de la terre qu'on trouve le marbre, l'or, l'argent, le fer, et tous autres métaux.

C'est dans l'eau, c'est-à-dire dans la mer, les fleuves, les rivières et les ruisseaux, qu'on pêche cette quantité prodigieuse de poissons de toutes grandeurs et de toutes grosseurs, qui servent d'alimens à l'homme.

C'est le feu qui échauffe la terre, qui anime et vivifie toute la nature. C'est le feu qui nous éclaire dans les ténèbres.

———

Les fleurs sont la parure de la terre, et l'ornement de nos demeures, qu'elles parfument de leurs odeurs agréables.

Les principales fleurs qui embellissent nos jardins et

parfument l'air, sont l'œillet, la renoncule, la jonquille, la violette, le muguet, la tubéreuse, la giroflée, la pensée, l'iris, l'héliotrope, la marguerite, le jasmin, le lilas, l'anémone, l'hortensia, la tulipe, etc.

Les arbres font l'ornement de la terre.

Les principaux arbres qui portent des fruits propres à la nourriture de l'homme, sont le pommier, le poirier, le pêcher, l'abricotier, le prunier, le cerisier, le groseiller, le néflier, le cognassier, l'oranger, le citronnier, le noyer, etc. etc.

Les arbres qui ne portent point de fruits propres à la nourriture de l'homme, servent à d'autres usages, et sont employés, soit en bûches, soit en planches, soit d'autre manière, pour les besoins ou les agrémens de la société.

Les principaux de ces arbres sont le chêne, l'orme, le peuplier, l'érable, le sapin, le pin, le bouis, le saule, l'acacia, etc.

Les plantes que le ciel

a semées sur la surface de la terre, se divisent en plantes potagères et en plantes médicinales.

Les principales plantes potagères sont : la carotte, le navet, le chou, le panais, les raves, le potiron, la laitue, le persil, la ciboule, le cerfeuil, les salsifis, le céleri, le poireau, les épinards, l'oseille, etc.

Les principales plantes médicinales sont : la bourrache, le chiendent, la guimauve, la coriandre, la fumeterre, etc. etc.

A. Antoine (Saint).

Saint-Antoine, instituteur de la vie monastique, naquit en Egypte, l'an 252 de Jésus-Christ. Ayant résolu de se retirer du monde, il vendit ses biens, en donna le prix aux pauvres, et s'enfonça dans la solitude, où l'esprit tentateur se présenta à lui sous différentes formes, pour l'engager à retourner dans le monde. Le bruit de sa sainteté et des miracles qu'il faisait s'étant répandu de tous côtés, une foule de disciples vint s'offrir à lui, et il fut obligé de faire bâtir plusieurs monastères dans le désert. Ce patriarche des moines, après une longue vie consacrée à la prière et aux bonnes actions, mourut âgé de 105 ans.

Air : *Il faut quitter ce que j'adore.*

Antoine, dans sa solitude,
Passait des jours bien malheureux;
Quant à toi, ton unique envie
Consiste à faire des heureux.
De ma vive reconnaissance
Reçois les prémices flatteurs;
Tu dois avoir de l'indulgence
Pour celui qui t'offre des fleurs.

B. Barbe (Sainte).

Barbe, vierge de Nicomédie, était fille de Discore, qui fut un des plus furieux sectateurs du paganisme. Ce père barbare n'ayant pu, ni par caresses, ni par menaces, lui faire abandonner la foi de Jésus-Christ, lui trancha lui-même la tête vers l'an 240.

Air : *Bouton de rose.*

De ta patrone
Je chanterais bien les hauts faits;
Mais moi qui tant soit peu raisonne,
J'aime mieux chanter tes bienfaits
Que ta patrone.

C. Catherine (Sainte).

Catherine, vierge d'Alexandrie, fut martyrisée, dit-on, sous l'empereur Maximin. Elle était noble, riche et savante. L'on croit qu'elle fut sacrifiée parce qu'elle résistait à la passion de cet empereur. Les jeunes filles l'on prise pour leur patrone; elle l'est aussi des philosophes, parce qu'on rapporte dans sa légende, qu'elle disputa à l'âge de dix huit ans, contre cinquante sages, qui furent vaincus par elle. L'église célèbre sa fête le 25 novembre.

La fleur des champs moins que vous est modeste,
Et moins que vous la rose a de fraîcheur;
Le lis superbe, à la tige céleste,
A moins que vous de grâce et de blancheur.
Oui, chaque fleur est par vous effacée!
L'immortelle est l'emblême de mon cœur,
Et je vous l'offre unie à la pensée.

D. Denis (Saint).

St.-Denis s'illustra par son zèle pour la foi, dans Paris, où il

« vint avec ses compagnons, l'annoncer avec un courage intrépide. Il y établit une église, et il ordonna des prêtres et des clercs pour la servir. Les prêtres des fausses idoles suscitèrent contre lui une persécution sanglante. Ils essayèrent en vain de l'épouvanter par des menaces, ainsi que ses compagnons. On les tourmenta ensuite par une infinité de supplices; et enfin on leur trancha la tête l'an 275 de Jésus-Christ.

Accueille le joli bouquet
Que depuis long-temps je t'apprête;
Mon cœur, une rose, un œillet,
Sont la guirlande de ta fête,

E. Elisabeth (Sainte).

Elisabeth, femme de Zacharie, mère de St.-Jean Baptiste, qu'elle eut dans sa vieillesse, reçut la visite de Marie sa parente, mère du Sauveur, dans le temps de sa grossesse. Deux ans après qu'elle eut mis au monde Jean-Baptiste, elle fut obligée de fuir la persécution d'Hérode. Elle alla se cacher dans une caverne de la Judée, où elle mourut, laissant son fils dans le désert, à la conduite de la providence, jusqu'au temps où il devait paraître devant le peuple d'Israël. Il y a eu plusieurs saintes de ce nom: Elisabeth, fille d'André II, roi de Hongrie, morte en 1231, et canonisée quatre ans après; Elisabeth, reine de Portugal, fille de Pierre III, roi d'Arragon, morte en odeur de sainteté, en 1336.

De mes fleurs, Elisa, crois-moi,
Ne rejette pas la guirlande :
Elle devient digne de toi,
Quand le cœur en fait l'offrande.

F. François de Paule (St).

François naquit à Paule en Calabre, en 1416. Un attrait singulier pour la solitude et la piété, le conduisit dans un désert au bord de la mer, où il se creusa une cellule dans le roc. La réputation de sa sainteté attira auprès de lui une foule de disciples, qui bâtirent autour de son ermitage un monastère : il nomma ses religieux *Minimes*, et leur devise fut le mot *Charité*. Il leur prescrivit un carême perpétuel, et leur donna une règle. Louis XI, dangereusement malade, le fit venir en France, espérant obtenir sa guérison par ses prières. Il y établit quelques maisons de son ordre, et mourut dans celle du Plessis-du-Parc, le 2 avril 1507. Il fut canonisé en 1519.

AIR : *Avec les jeux dans le village.*
La vie humaine est un mélange
De biens et de maux tour-à-tour ;
Tout s'éteint, tout passe, tout change,
Oui, tout.....excepté mon amour.
Ces roses qui viennent d'éclore,
Et que je t'offre dans ce jour,
Sur le soir passeront encore
Sans voir affaiblir mon amour.

G. Geneviève (Sainte).

Geneviève, née à Nanterre près Paris, vers l'an 422, consacra à Dieu sa virginité, par le conseil de St.-Germain, évêque d'Auxerre. Elle reçut ensuite le voile sacré des mains de l'évêque de Paris. Après la mort de ses parens, elle se retira chez une dame sa marraine, où elle se livra aux plus grandes mortifications depuis quinze ans jusqu'à cinquante. Atilla, roi des Huns, étant entré dans les Gaules avec une armée formidable, Geneviève empêcha les Parisiens d'abandonner leur ville, leur assurant qu'elle serait respectée par les Barbares. Sa prédiction s'accomplit. Cette sainte fille mourut le trois janvier 512. Ses restes sont déposés à St.-Etienne-du-Mont.

Air : *Dans ce salon, ou du Poursin.*

Geneviève est en grand renom ;
Elle fut encore plus belle ;
Sans nul effort, avec raison,
Vous l'avez prise pour modèle.
On offre de l'encens aux dieux ;
Mais pour une simple mortelle,
De fleurs un bouquet gracieux
Devient l'offrande la plus belle.

H. Hélène (Sainte).

Hélène, native du bourg de Drépane en Bithynie, des parens obscurs, fut célèbre par les charmes de son esprit et de sa figure; elle fut d'abord hôtellière, et épousa ensuite l'empereur Constance Chlore, qui la répudia en 292. Son fils Constantin ayant été couronné empereur, la rappela à la cour, où il lui fit rendre tous les honneurs dus à la mère de l'empereur. Elle ne se servit de son crédit que pour le bien de l'église et le soulagement des pauvres. Vers l'an 326, elle visita les lieux saints, y établit diverses églises, et envoya à Constantinople une partie de la vraie croix, que l'on venait de trouver. Peu après elle mourut entre les bras de son fils, auquel elle donna d'excellentes instructions, en 327 ou 328, âgée de 80 ans.

Air : *Que ne suis-je sur la fougère.*

Sur un trône Sainte-Hélène
Fit admirer ses vertus;
Vous n'êtes pas une Reine,
Et je vous en aime plus.
Dans le plus simple langage
Je puis alors m'exprimer,
Et présenter mon hommage
A celle qui peut m'aimer.

I. Innocens (Saints).

Hérode, roi des Juifs, voulant perdre Jésus nouvellement né, et ne l'ayant pu par surprise, eut recours à la force, et comme il ne savait pas précisément quel âge devait avoir cet enfant, il fit mourir tous ceux qui étaient âgés de deux ans, aux environs de Bethléem, afin d'envelopper dans ce carnage celui dont

il était devenu jaloux. Sa malice fut confondue, car un ange avertit Joseph en songe de prendre l'enfant, de fuir en Egypte, et d'y demeurer. Ainsi ces enfans moururent au lieu de Jésus-Christ et pour Jésus-Christ. Mais Hérode, un an après, périt misérablement.

AIR : *d'Arlequin afficheur.*

A la fête des Innocens,
Permets à la tendre innocence
De signaler ses sentimens
D'amour et de reconnaissance.
Recevant ce joli bouquet,
Tressé des mains de l'innocence,
Accorde-lui pour cet objet,
Un doux baiser pour récompense.

J. Jean-Baptiste. (St.)

Jean-Baptiste, précurseur de Jésus-Christ, fils de Zacharie et d'Elisabeth, naquit l'an du monde 4004, environ six mois avant la naissance du Sauveur. S'étant retiré dans un désert, il y vécut d'une manière très-austère. L'an 29 de Jésus-Christ il commença à prêcher la pénitence le long du Jourdain, et baptisa tous ceux qui vinrent à lui. Il baptisa aussi le Sauveur. Son zèle fut la cause de sa mort. Hérode Antipas le sacrifia à la fureur d'Hérodias sa femme, et il fut décollé. La fête de St.-Jean est de la plus haute antiquité dans l'Eglise.

AIR : *Que ne suis-je sur la fougère.*

Est-ce aux fleurs, à la verdure
A nous fournir des bouquets ?
Ce n'est que de la nature
Que j'invoque les bienfaits.
Du cœur le simple langage
N'est jamais étudié ;
Reçois le mien, c'est l'hommage
Que vient t'offrir l'amitié.

L. Louis (Saint).

Louis IX, fils de Louis VIII et de Blanche de Castille, né le 25 avril 1215, parvint à la couronne le 8 novembre 1226, sous la tutelle et la régence de sa mère. Parvenu à l'âge de majorité, une administration sage le mit à même de lever de fortes armées contre Henri III, roi d'Angleterre et les grands vassaux de la couronne, qu'il défit en deux batailles. Ce roi pieux quitta bientôt après son royaume, pour passer dans la terre sainte, combattre les infidèles. Arrivé à la rade de Damiette, il s'empara de cette ville en 1249, remporta deux victoires, et fit des prodiges de valeur à la journée de Massoure.

Mais la famine et des maladies contagieuses désolèrent bientôt son armée, qui fut mise en déroute, et lui-même fut fait prisonnier. Il paya 400,000 francs pour la rançon de son armée, et rendit Damiette pour la sienne. Il repassa en France, où il fit le bonheur de ses sujets et la gloire de sa patrie. Après seize ans il partit pour une nouvelle croisade en 1270, et mourut dans

son camp près de Tunis, le 25 août de la même année. Boniface VIII le canonisa en 1297.

Louis, en recevant ma fleur,
Ah ! souviens-toi qu'elle et l'emblême
De ce qu'éprouve un tendre cœur
Qui t'estime et toujours t'aime !

M. Marie (Sainte).

MARIE, Vierge très-sainte, mère de Jésus-Christ, de la tribu de Juda et de la famille royale de David, épousa St. Joseph. Ce fut à Nazareth que l'ange Gabriel fut envoyé de Dieu pour lui annoncer qu'elle concevrait le fils du Très-Haut. Le Fils de Dieu s'incarna alors dans son chaste sein. Ce fut à Béthléem que Jésus-Christ sortit du sein de sa très-sainte mère. Quarante jours après sa naissance elle alla le présenter au temple, et observa ce qui était ordonné pour la purification des femmes. Marie suivit ensuite Joseph en Egypte, pour soustraire l'enfant à la fureur d'Hérode, après la mort duquel ils revinrent à Nazareth. Elle suivit son fils à Jérusalem et à Capharnaum, et assista à son supplice sur la Croix. Après l'ascension de J.-C., dont elle fut témoin, elle se retira à Ephèse, où elle mourut dans un âge avancé.

AIR : *O ma tendre musette!*

D'une fête si belle,
Célébrez le retour ;
Amis, que votre zèle
Anime tour-à-tour

Le luth de Polymnie,
D'Euterpe les pipeaux :
Qui dit : j'aime Marie
Doit trouver des échos.

N. Nicolas (Saint).

NICOLAS naquit à Patare en Lycie, d'une famille illustre, où étant grand il se signala par ses aumônes. Après la mort de ses parens, il donna presque tout son bien aux pauvres. Ce fut dans un voyage qu'il fit pour aller visiter les saints lieux, qu'il apaisa miraculeusement une tempête; ce qui a fait que les matelots l'ont pris pour leur patron. S'étant mis en marche pour se rendre à Mire, métropole de la Lycie, les évêques qui y étaient assemblés prirent la résolution d'élire pour évêque celui qui le lendemain entrerait le premier dans l'église; et ce fut St.-Nicolas. Son zèle pour la foi le fit condamner au bannissement par les édits de Dioclétien et de Maximien. On ignore l'époque et le genre de sa mort. St.-Nicolas est aussi le patron des garçons.

La fête de Saint-Nicolas,
En me remplissant d'allégresse,
Me permet, sans autre embarras,
D'offrir ces fleurs et ma tendresse.

O. Omer (Saint).

OMER, né dans le val de Goldethal, près de Constance, sur le Haut-Rhin, d'une famille no-

ble et riche, se retira dans sa jeunesse au monastère de Luxeuil, et fut nommé évêque de Terouanne par le roi Dagobert, en 636. Il travailla avec zèle à rétablir la discipline dans son diocèse, et bâtit le monastère de Sithin, auquel St. Bertin, qui en fut le second abbé, donna son nom. Sa mort fut sainte comme sa vie : elle arriva en 688.

Du peu qu'en ce jour je dispose,
Daignez accueillir le présent,
Un couplet avec une rose
Valent bien un froid compliment.

P. Pierre (Saint).

PIERRE, prince des apôtres, fils de Jean et frère de St.-André, naquit à Betsaïde. Quand Jésus-Christ choisit ses douze apôtres, il mit Pierre à leur tête. Pierre assista à la dernière cène, et fut le premier à qui Jésus-Christ lava les pieds. Il se trouva dans le jardin des Olives quand Jésus-Christ fut arrêté, et coupa l'oreille à Malchus, serviteur du grand-prêtre Caïphe, chez lequel il suivit Jésus-Christ. Ce fut là qu'il renia trois fois notre Seigneur. Il fut témoin de la résurrection et de l'ascension de Jésus-Christ. Ensuite, avec les autres apôtres, il alla porter la lumière de l'Evangile dans divers pays, faisant des miracles et éprouvant des persécutions. Après avoir quitté Jérusalem, il parcourut l'Asie Mineure, et vint à Rome, où il établit son siége épiscopal. Ses travaux évangéliques furent couronnés par le martyre. Il fut crucifié l'an 66 de J.-C.

Air : *De la baronne.*

Salut à Pierre!
Je lui fais hommage aujourd'hui
De mon cœur qui n'est pas de pierre,
Et d'un bouquet digne de lui
Et de Saint-Pierre.

Q. Quentin (Saint).

SAINT-QUENTIN, fils d'un sénateur de Rome, vint en France

avec Saint-Crépin et Saint-Crépinien, pour y prêcher l'Evangile. Il s'arrêta d'abord à Amiens, où il convertit plusieurs habitans. Ricliovare, gouverneur de la ville, après l'avoir fait fouetter cruellement, le fit enfermer dans une prison; mais un ange l'en ayant retiré, il reparut dans la ville, prêchant à son ordinaire. Ricliovare, surpris, lui fit percer le corps du haut en bas, avec deux broches, et couper la tête.

Air : *J'aurai bientôt quatre-vingts ans*

A la fête de Saint-Quentin
Je veux faire un couplet badin.
   La chose t'intéresse ;
Car je te présente un bouquet,
Qui devient l'emblème parfait
   De ma vive tendresse.

R. Remi (Saint).

REMI, né dans les Gaules, d'une famille illustre, fut encore plus distingué par ses lumières et ses vertus que par sa naissance.

Ses grandes qualités le firent mettre sur le siége pontifical de Reims à 24 ans. Ce fut lui qui baptisa le roi Clovis, qu'il instruisit des principes du chistianisme, conjointement avec St.-Godart de Rouen et St.-Vaast. Il mourut vers l'an 535.

Il y a un autre saint de ce nom, grand aumônier de l'empereur Lothaire, et qui fut fait archevêque de Lyon en 854. Après avoir assisté à plusieurs conciles où il se signala par un zèle peu commun, il mourut le 28 octobre 875, après avoir fait diverses fondations.

Air: *O ma tendre musette !*

Je chante sur ma lyre
Saint-Remi, ton patron,
Crois-moi, daigne sourire
A ma faible chanson.
Souris à mon offrande :
C'est un bouquet de fleurs ;
Mais c'est une guirlande
Qu'il faut pour les bons cœurs,

S. Sébastien (Saint).

Sébastien, surnommé le défenseur de l'église romaine, fut martyrisé le 20 janvier. Son culte qui était presque général dans l'église, reçut de grands accroissemens en 680. La peste ravageait

Rome, le pape Agathon mit cette ville sous la protection de St. Sébastien, et ce fléau fit moins de ravages. C'est depuis cette époque que les fidèles invoquent ce saint dans les temps de contagion.

Air : *O Fontenai, qu'embellissent les roses.*

Daigne accepter ces dons brillans de Flore,
Que l'amitié, dans ses épanchemens,
Alla cueillir au lever de l'aurore,
Pour exprimer du cœur les sentimens.

T. Toussaint.

Fête de tous les saints, dont l'institution dans l'église n'est pas au-dessus du temps de Grégoire III, décédé en 813. Comme l'année ne contient que 365 jours, et 366 lorsqu'elle est bissextile, et que la légende sacrée contient une liste de saints et martyrs dix fois plus considérable, l'église a choisi le premier novembre pour les honorer tous dans un seul jour.

Qu'est-il besoin de fleurs,
Lorsqu'on fête un bon père?
Le moindre vent dissipe leurs odeurs,
Et leur éclat ne dure guère.
Mais l'honorer par de tendres respects,
Et dans nos yeux où le doux plaisir brille,
Lui laisser voir les vœux de sa famille,
Voilà pour lui le plus beau des bouquets.

U. Ursule (Sainte).

Ursule, fille d'un prince de la Grande-Bretagne, fut couronnée de la palme du martyre par les Huns, près de Cologne sur le

Rhin, avec plusieurs autres filles qui l'accompagnaient, vers l'an 384. Il y a dans l'église un ordre de religieuses qui prennent le nom de cette sainte (les Ursulines). La bienheureuse Angèle de Bresse établit cet institut en Italie, l'an 1537, et le pape Paul III le confirma en 1544.

AIR : *J'ai vu partout dans mes voyages.*

Je vais essayer sur ma lyre
De chanter la Sainte du jour,
Et dans mon trop heureux délire,
Offrir vers et fleurs tour à tour :
Ursule, toi qui m'es si chère,
Je n'ai point de vœux à former ;
Mes soins se bornent à te plaire,
Et tout mon bonheur à t'aimer.

V. Vincent de Paule (St.)

Vincent de Paule, né à Poi, au diocèse de Dax, le 24 avril 1576, de parens obscurs, entra dans l'état ecclésiastique, et fut élevé au sacerdoce. Après avoir été esclave à Tunis, d'où il se sauva, il eut occasion d'aller à Rome, où le cardinal Montorio le chargea d'une affaire importante auprès d'Henri IV, en 1608. Louis XIII lui donna l'abbaye de St.-Léonard de Chaulmes; après avoir été quelque temps aumônier de la reine Marguerite, il obtint par son seul mérite la place d'aumônier général des galères en 1619. Sa vie entière ne fut qu'un enchaînement continuel de bonnes œuvres.

Missions dans toutes les parties du royaume, aussi bien qu'en Italie, en Ecosse, en Barbarie, à Madagascar, etc.; conférences ecclésiastiques où se trouvaient les plus grands évêques du royaume; établissement pour les enfans trouvés; fondation des filles de la charité. Les hôpitaux de Bicêtre, de la Salpétrière, de la Pitié, ceux de Marseille pour les forçats, du Saint nom de Jésus pour les vieillards, lui doivent la plus grande partie de ce qu'ils sont. Il fut aussi le fondateur des Missions étrangères. Vincent mourut le 27 septembre 1660, et fut canonisé le 16 juin 1737.

Vincent était bon, généreux,
De vertus il fut un modèle ;
Alors retraçant à leurs yeux
De ce Saint le portrait fidèle,
Daigne permettre à tes enfans,
A cette fête solennelle,
De couronner tes cheveux blancs
Et de lauriers et d'immortelle.

X. Xavier François (St.)

Xavier, surnommé l'apôtre des Indes, né à Xavier, au pied des Pyrénées, le 7 avril 1506, enseigna la philosophie au collége de Beauvais à Paris. Il s'unit ensuite avec Ignace de Loyola, dont il fut un des sept compagnons qui firent vœu d'aller travailler à la conversion des infidèles. Il s'embarqua à Lisbonne pour les Indes orientales en 1541. De Goa où il se fixa d'abord, il répandit la lumière de l'évangile sur la côte de Comorin, à Malaca, dans les Moluques, au Japon ; après avoir parcouru d'autres pays où il fut assez mal accueilli, il se rendit dans le royaume de Bungo. De là il s'embarqua pour la Chine ; mais son voyage ayant été traversé par plusieurs obstacles, il tomba malade et mourut en 1452, dans une île, à la vue du royaume de la Chine, où il brûlait de porter la foi. Grégoire XV le canonisa en 1622.

Air : *Sylvie à l'âge de quinze ans.*

A Xavier faire un compliment
N'est pas une chose facile ;
J'aime mieux sans ménagement
T'annoncer dans mon style :
Ce matin j'ai cueilli des fleurs,
Pour t'en faire le pur hommage ;
Et tu jugeras de nos cœurs
En interprétant leur langage.

Y. Yves (Saint).

Yves, né à Kermatin, près de Tréguier, en 1253, d'une famille noble; après avoir fait ses études de philosophie, de théologie, de droit civil et de droit canon, à Paris et à Orléans, il se rendit à Rennes, où il devint official du diocèse de cette ville; il le fut ensuite de l'évêque de Tréguier, qui le chargea de la cure de Tresdrets, puis de celle de Lohanec. St.-Yves s'y montra un pasteur zélé et un bienfaiteur libéral. Il termina sa sainte carrière en 1303, et fut canonisé par le pape Clément VI en 1347. Les avocats et les procureurs l'ont choisi pour leur patron.

Air : *Des dettes.*

J'ai marchandé plus d'un bouquet,
Mais la cherté que l'on y met
　Pour ma bourse est trop grande.
Si je ne t'offre point de fleur,
　Du moins pour te donner mon cœur,
　Jamais je ne marchande.

Z. Zacharie (Saint).

Zacharie, grec de naissance, monta sur la chaire de St.-Pierre après Grégoire III en 741. Il célébra divers conciles pour rétablir la discipline ecclésiastique. Il racheta beaucoup d'esclaves que les Vénitiens voulaient vendre aux infidèles, et établit une distribution d'aumônes aux pauvres et aux malades. Ce pontife mourut le 14 mars 752, et fut pleuré comme un père. Sa clémence était telle, qu'il combla d'honneurs ceux qui l'avaient le plus persécuté avant son pontificat. Ce fut Zacharie qui commença la bibliothèque dite *Vaticane*, devenue depuis si célèbre.

Zacharie était bon, clément,
De ton patron tu suis l'exemple :
Comme je suis reconnaissant,
Dans mon cœur je t'élève un temple.

PRIÈRE

D'UN ENFANT A SA GRAND'-MAMAN.

Ah ! laisse-moi baiser ton front octogénaire,
Bonne maman ! je veux te caresser :
Ou, dans mes bras je dois presser
Celle à qui je dois un bon père.

www.ingramcontent.com/pod-product-compliance
Lightning Source LLC
LaVergne TN
LVHW020947090426
835512LV00009B/1746